SHOW • ME
LANGUAGE BOOKS

RUSSIAN

SHOW • ME
LANGUAGE BOOKS

RUSSIAN

CREATED BY SETH GODIN
PRODUCED BY CADER BOOKS

Andrews and McMeel
A Universal Press Syndicate Company
Kansas City • New York

ISBN: 0-8362-2625-9

Library of Congress Catalog Card Number: 90-85469

Acknowledgments

The creators gratefully wish to acknowledge the kind and expert assistance of the many people who made this book possible. Translation expertise was provided by Tamara Nisnevitch and by Vladimir Liberman of the Columbia University Student Tutoring and Translation Agency. Thanks are also due to Kathleen O'Connor, Renee Schwartz, and David Sultanik for their support roles.

Everyone at Andrews and McMeel has been enthusiastic and supportive from the initiation of this project. We are particularly grateful for the sharp editorial eye of Donna Martin and the friendship and support of Tom Thornton and Kathleen Andrews.

How to Use This Book

This book is specially designed to be the only phrasebook that you can use successfully even if you have no knowledge at all of the foreign language. Each of the standard pages in the book contains one phrase in large type, with the English version below it. If you can turn a page, you can use this book to be understood in Russian.

To find the phrase you want, flip through the book using the index triangles at the top corner of each page (Customs, Police, Lodging, Reference, Dining, Shopping, Transport) and the key-word phrase summaries along the bottom of each page.

Fold back the book so the phrase you want is on top and then hold the book up like a flashcard to a native so that they can see it. They'll be able to read the large print translation without confusion and help you on your way.

Certain pages require that you make a choice, between mineral water with or without bubbles, for example. Either circle your preference, or indicate it with your finger when holding up the book.

The "Directions" section combines three different

destinations on each page. Just use your finger to point to the destination you need or circle it with a pencil.

There are special pages covering common drugstore items (found in Shopping), conditions requiring medical assistance (found at the back of the book), and allergies or substances to which you are very sensitive (also found at the back of the book). For these sections, use a pencil to circle the appropriate phrase or phrases before you show it to someone. The Menu Decoder will help you figure out some common menu items.

Throughout the book, we have intentionally not taken the exhaustive approach used by other phrasebooks. This book contains 100 key questions and phrases and numerous special features, all designed to address essential needs while traveling—when you get in trouble, are lost, hungry, in need of help, or just plain frustrated by your inability to communicate with other people, this book is a safe and easy way of knowing with certainty that your message will be seen if not heard.

Most of all, don't forget to say *please* and *thank you*, which you'll find at the end of the book. You'll be amazed at what a difference it makes. We hope this book shows you the way to happier trip.

DIRECTIONS

Где находится:

Where can I find:

- Хороший ресторан
  A good restaurant
- Хороший магазин
  Good shopping
- Пляж
  The beach

FOOD/SHOP/SUN

Где находится:

Where can I find:

- Американская кухня
  American Food
- Музей
  The Museum
- Собор
  The Cathedral

Где находится:

Where can I find:

- Справочное бюро
  Tourist information
- Отделение «Американ Экспресс»
  American Express office
- Обмен иностранной валюты
  Money changing facility

Где находится:

Where can I find:

- Американское посольство
  The U.S. embassy
- Медицинская помощь
  Medical help
- Отделение милиции
  The police

Где находится:

Where can I find:

- Международный телефон

  Overseas telephone

- Почта

  Post Office

- Банк

  Bank

Где находится:

Where can I find:

- Вход

  Entrance

- Выход

  Exit

- Посадочная платформа
- Выход к самолёту

  The gate (train/airplane)

Где находится:

Where can I find:

- Аэропорт
  Airport
- Вокзал
  Train station
- Остановка автобуса
  Bus stop

Где находится:

Where can I find:

- Станция метро

  The subway

- Такси

  Taxi

- Моя гостиница

  My hotel

DIRECTIONS

Где находится:

Where can I find:

- Аптека

  A pharmacy

- Продовольственный магазин

  A grocery store

- ______________________________

  (write in your own destination)

STORES

Где находится туалет?

How do I get to the bathroom?

Я – иностранный студент.

I am here as a student.

CUSTOMS

Я приехал по делам.

I am here on business.

BUSINESS

CUSTOMS

Я здесь в отпуске.

I am here on vacation.

VACATION

CUSTOMS

У меня нет ничего, что я мог бы заявить в таможенной декларации.

I have nothing to declare.

NOTHING

CUSTOMS

Мои предметы личного пользования.

It's for personal use.

PERSONAL

Я не покупал эти вещи здесь.

I didn't buy those here.

CUSTOMS

Я хочу продлить свою визу.

I need to extend my visa.

VISA

Я потерял свой паспорт. Я – американский гражданин.

I've lost my passport. I'm a citizen of the United States.

POLICE

Оставьте меня в покое, иначе я вызову милицию.

Leave me alone or I will call the police.

STOP

POLICE

Немедленно позвоните в милицию!

Call the police immediately!

POLICE

POLICE

Меня ограбили.

I've been mugged.

MUGGED

Мой номер в гостинице ограблен.

My hotel room has been robbed.

POLICE

Ко мне пристаёт неизвестный человек.

This man is bothering me.

BOTHER

Меня укусила собака.

I was bitten by a dog.

LODGING

Мой номер забронирован заранее.

I have a reservation.

RESERVATION

Мне нужен номер с горячей водой и раковиной

I would like a room with hot water.

NO BATH

Я бы хотел номер с ванной.

I would like a room with a bathroom.

WITH BATHROOM

Нам нужен номер на двоих.

We want a room with two beds.

Можно мне сначала посмотреть номер?

May I look at the room first?

Где ванная?

Where is the bathroom?

Входит ли завтрак в стоимость номера?

Is breakfast included?

Дешевле ли номер без завтрака?

Is the room less without breakfast?

В котором часу завтрак?

What time is breakfast?

Можете ли Вы позвонить в другую гостиницу и узнать, есть ли там свободные номера?

Could you call another hotel to see if they have a room?

CALL ELSEWHERE

LODGING

Я хочу остановиться на ______ дней.

____

I am staying ___ nights.

LENGTH

В котором часу вы запираете входные двери?

What time does the lobby close?

Можете ли Вы разбудить меня в нужное мне время?

May I have a wake-up call?

Я бы хотел заказать телефонный разговор с Соединёнными Штатами.

I'd like to place a call to the United States.

Сколько стоит международный разговор?

How much is the international phone surcharge?

SURCHARGE

В моём номере тараканы.

There are bugs in my room.

Мне нужны дополнитель-ные полотенца.

I need extra towels.

Я бы хотел отдать свои вещи в чистку.

Can you have my clothes cleaned?

Я уезжаю завтра.

I will check out tomorrow.

В котором часу я должен выписаться из гостиницы?

What is check out time?

Есть ли у вас факс, которым я могу воспользоваться?

Do you have a fax I can use?

Мне нужен английский гид.

I need a guide who speaks English.

Мне нужен переводчик.

I need a translator.

REFERENCE

Пожалуйста, отведите меня к кому-нибудь, кто говорит по-английски.

Please take me to someone who speaks English.

TRANSLATION

Сколько стоит?

How much will it cost?

Сколько будет стоить отправить это в Соединённые Штаты?

How much to send this to the United States?

REFERENCE

Принимаете ли вы дорожные чеки?

Do you take travelers checks?

TRAVELERS CHECKS

REFERENCE

Принимаете ли вы кредитные карты?

Do you take charge cards?

REFERENCE

Напишите это пожалуйста.

Would you write that down?

IN WRITING

Выпишите, пожалуйста, чек.

Give me a receipt please.

REFERENCE

Мне нужна карта.

I'd like a map.

MAP

Как далеко до этого места пешком?

Is it too far to walk there?

Сколько мне понадобится времени?

How long will it take?

Что это за район: хороший или плохой?

Is it in a good area of town?

REFERENCE

Будет ли сегодня дождь?

Is it supposed to rain?

RAIN

До которого часа они открыты?

What are their hours?

REFERENCE

Сколько принято давать чаевых?

What tip is appropriate?

TIP

Какой сейчас курс иностранной валюты?

What's the exchange rate?

Можете ли Вы нас сфотографировать?

Would you take our picture please?

Можно снимать?

May I take a picture?

❒ Сколько стоят самые дорогие билеты?

❒ Сколько стоят самые дешёвые места?

The best seat/cheapest seat you have left.

Где можно послушать хорошую народную музыку?

Where can we hear local music?

REFERENCE

Есть ли у вас скидка для студентов?

Do you give a student discount?

STUDENT DISCOUNT

REFERENCE

Есть ли поблизости молодёжная гостиница или общежитие?

Is there a youth hostel nearby?

HOSTEL

REFERENCE

Есть ли у вас скидка для пенсионеров?

Is there a Senior Citizen discount?

SENIOR DISCOUNT

Существуют ли у вас специальные удобства для инвалидов?

Are there special facilities for the handicapped?

Можете ли Вы порекомендовать нам недорогой ресторан?

Can you recommend an inexpensive restaurant?

CHEAP

Мы не заказали места заранее. Есть ли возможность попасть в ресторан?

We don't have reservations. Can you seat us?

NO RESERVATIONS

Сколько времени придётся ждать?

How long a wait will it be?

DINING

Есть ли у вас уединенный, уютный столик?

Do you have a quiet, romantic table?

ROMANTIC

Какие у вас есть национальные фирменные блюда?

We want to eat your regional specialty.

Что Вы посоветуете?

What do you recommend?

RECOMMENDATION

Мы не хотим никаких блюд из курицы, говядины или свинины. Посоветуйте нам что-нибудь ещё.

Can you recommend something that doesn't have any beef, pork or chicken?

Посоветуйте нам что-нибудь, что не содержит соли.

Can you recommend something that doesn't have any salt?

Посоветуйте нам что-нибудь с низким содержанием холестерина.

Can you recommend something that is low in cholesterol?

Посоветуйте нам что-нибудь нежирное.

Can you recommend something that isn't very fatty?

Какие у вас есть вина?

May we see the wine list?

Принесите, пожалуйста, воды.

May we have some water?

Есть ли у вас минеральная вода в бутылках?

May I have bottled water please?

BOTTLED WATER

Можно еще хлеба?

May we have some more bread?

Дайте, пожалуйста, счёт.

May we have the check?

Включены ли чаевые в счёт?

Is the tip included?

TIP

MENU DECODER

Appetizers
Закуски
Barley mushroom soup
Перловый суп с грибами
Beef
Говядина
Blini
Блины
Blini with jam
Блины с вареньем
Borscht
Борщ
Carp
Карп
Chicken
Цыплята
Cocoa (hot chocolate)
Какао
Coffee
Кофе
Crayfish
Раки
Eggplant
Баклажаны
Fresh Caviar
Зернистая икра
Green salad
Зелёный салат
Herring
Селёдка
Kasha
Гречневая каша
Lemonade
Лимонад
Milk
Молоко
Noodle soup
Вермишелевый суп
Onions
Лук

MENU DECODER

Pirogi
Пироги
Potato salad
Картофельный салат
Potato soup
Картофельный суп
Pressed Caviar
Паюсная икра
Rice pudding
Рисовый пудинг
Schnitzel
Шнитцель
Shashlik (broiled lamb)
Шашлык
Smoked salmon
Сёмга
Smoked sturgeon
Осетрина горячего копчения
Steak
Бифштекс
Stuffed cabbage
Голубцы
Tea
Чай
Veal
Телятина
Vodka
Водка
Beef Stroganoff
Бифстроганов
Pelmeni (Siberian ravioli)
Пельмени
Koulebiaka (Russian pie)
Кулебяка
Chicken Tabaka (Georgian style)
Цыплята Табака
Veal Pozharski (burgers made from veal and chicken)
Пожарские котлеты
Veal in aspic
Холодец

Спасибо, мы просто смотрим, что у вас есть.

Thank you, we're just looking

Есть ли у вас уцененные товары?

Is anything on sale?

Какой, по-вашему, размер мне нужен?

What size do you think I take?

SIZE

Мой американ-ский размер ______

____

My American size is ____

Есть ли у вас на размер меньше?

Do you have a smaller size?

SMALLER

Есть ли у вас на размер больше?

Do you have a larger size?

Можете ли вы подогнать вещь по размеру?

Do you do alterations?

Можете ли вы снизить цену?

Can we bargain on the price?

Сколько э́то стоит в долларах?

How much is it if I pay in dollars?

Можно ли вернуть купленные вещи?

Is this returnable?

Я хочу обменять купленные вещи на другие.

I want to exchange this.

EXCHANGE

Есть ли у вас другие цвета?

Do you have it in any other colors?

SHOPPING

Есть ли у вас почтовые открытки?

Do you have any postcards?

POSTCARDS

Мне нужна фотоплёнка.

I would like some film.

Где можно найти:

Where can I find:

Acetaminophen	Болеутоляющее средство	Contact lens solution	Раствор для ухода за оптическими контактными линзами
Allergy pills	Таблетки от аллергии	Cough syrup	Микстуру от кашля
Antibiotic ointment	Антибиотиковая мазь	Cramps medicine	Антиспастическое средство
Aspirin	Аспирин	Decongestant	Средство от насморка
Bandage strips	Пластырь	Diarrhea medicine	Средство от расстройства желудка
Bug repellent	Средство от насекомых	Sunburn ointment	Мазь от солнечных ожогов
Cold remedies	Средство от простуды	Suntan lotion	Лосьон для загара
Condoms	Презервативы	Tampons	Женские гигиенические тампоны
Constipation medicine	Средство от запора	Tissues	Туалетные гигиенические салфетки

Могу ли я ещё раз получить лекарство по тому же рецепту?

I need this prescription refilled.

Где расписание?

Where is the schedule?

Мне нужен
- ☐ экспресс
- ☐ пассажирский

поезд.

I'd like the express/local train.

Мне нужен билет

❒ первого класса

❒ второго класса.

____

I'd like a first-class/second-class ticket.

TRANSPORT

С какой платформы отходит этот поезд?

Which platform does it leave from?

PLATFORM

Мы хотели бы поехать на прогулку и осмотреть достопримечательности.

Please drive around and show us some of the sights.

Пожалуйста, езжайте медленнее – я не переношу быстрой езды.

Please go slowly—I get carsick easily.

Пожалуйста, езжайте побыстрее — я очень тороплюсь.

Please go quickly—I'm in a hurry.

Сколько остановок до этого места?

How many stops is it from here?

STOPS

Пожалуйста, подтвердите мой рейс.

Please reconfirm my flight.

Пожалуйста

Please

PLEASE

Спасибо

Thank you

Предупреждение: причиной моего серьёзного заболевания или аллергической реакции может быть:

Caution: this will make me very sick

Alcohol	Алкоголь	Corn	Кукуруза
Apple	Яблоки	Dogs	Собаки
Banana	Бананы	Eggs	Яйца
Bee stings	Пчелиное жало	Fish	Рыба
Caffeine	Кафеин	Grapefruit	Грейпфрут
Cats	Кошки	Lettuce	Салатные листья
Cheese	Сыр	Local anesthetic	Местная анестезия
Chocolate	Шоколад	Milk	Молоко
Coriander	Кинза	Mushroom	Грибы

Предупреждение: причиной моего серьёзного заболевания или аллергической реакции может быть:

Caution: this will make me very sick

Nuts	Орехи	Spicy foods	Острая еда
Onion	Лук	Straw-berries	Клубника
Orange	Апельсины	Sugar	Сахар
Peanuts	Арахисовые орехи	Tap water	Водопроводная вода
Penicillin	Пенициллин	Tomato	Помидоры
Sesame seeds	Кунжутные семена	Tropical fruits	Тропические фрукты
Shellfish	Ракообразные и моллюски	Wheat	Изделия из пшеницы
Shrimp	Креветки	White potato	Белый картофель
Soy bean	Соевые бобы	Yeast	Дрожжи

У меня...

I have a medical problem...

Allergies (to food)	Аллергия (к еде)	Something in my eye	У меня что-то в глазу
Allergies (hay fever)	Аллергия (сенная лихорадка)	Female trouble	Женские проблемы
Need antibiotic	Мне нужен антибиотик.	Feverish	Озноб
Back pain	Боль в спине	Headache	Головная боль
Blood in stool	Кровь в стуле	Heat exhaustion	Солнечный удар
Breathing trouble	Затруднённое дыхание	Pain in the prostate	Боль в простате
Chest pain	Боль в груди	Sunburn	Солнечный ожог
Consti-pation	Запоры	Stomach pain	Боль в желудке
Diarrhea	Расстройство желудка	Throwing up	Тошнота
Earache	Болит ухо	Tooth	Зубная боль